# 流年流水橋自橫

## ——一卷不是詩人的詩

卓　人　著

文　史　哲　詩　叢

文史哲出版社印行

國家圖書館出版品預行編目資料

流年流水橋自橫：一卷不是詩人的詩 / 卓人著
-- 初版 -- 臺北市：文史哲, 民 102.07
頁；公分（文史哲詩叢；112）
ISBN 978-986-314-125-9（平裝）

851.486                          102013084

# 文 史 哲 詩 叢　112

# 流 年 流 水 橋 自 橫
## ── 一卷不是詩人的詩

著　　　者：卓　　　　　　　　人
出 版 者：文　史　哲　出　版　社
http://www.lapen.com.tw
e-mail：lapen@ms74.hinet.net
登記證字號：行政院新聞局版臺業字五三三七號
發 行 人：彭　　　正　　　雄
發 行 所：文　史　哲　出　版　社
印 刷 者：文　史　哲　出　版　社
臺北市羅斯福路一段七十二巷四號
郵政劃撥帳號：一六一八○一七五
電話886-2-23511028・傳真886-2-23965656

### 定價新臺幣三五○元　美金十四元

中 華 民 國 一 ○ 二 年 （2013）七 月 初 版

# 自　　序

　　筆者不是詩人，也沒學過做詩。唸完大學橫越太平洋之後，數十年間學術性的專著倒寫了不少，也曾和同事合寫過一本教科書，但是這些用的都是英文，中文的寫作絕無僅有。記得出國後還沒幾年，偶爾寫封中文信便已頗有文不達意之感，不要說是詩了。

　　寫中文詩，可說是和幾個少時好友開玩笑開出來的。八十年代，出國已經廿多年了，老友們都已進入中年，但是兒女雖已成長，為父者卻依然童心未泯。學術研究本是逆水行舟的事，美國的科學界競爭尤烈，老友間偶得浮生片刻，寫幾行彼此取笑取笑以博一粲，倒也頗收調濟之效。漢時司馬遷說孔子修訂《詩經》十刪其九，後人以為夫子不至於如此嚴峻，但是筆者這些謔而不虐之作，卻已十九刪除，僅在《戲筆》一章裏留了十一首。

　　筆者在寫這些《戲筆》之前，只偶有數行抒情述懷，其後就寫得比較多些。只是數十年學海生涯，很少大風大浪，雖也不免偶有感觸，究竟是日子恬靜，所寫的多是日常雜筆，旅途所見一類，當不得真。到了退休居家之後，檢視舊作，選了八十多首，《戲筆》之外，分列在《偶筆》、《友朋》、《感時》、《惜年》、《念》、《旅途》和《子衿》七章。

有些睹景而寫的，也附了照片。集而成冊，無非是便於偶在酒餘茶後提醒自己當時的心情。若能得一、二佳友，甚或是未曾見過面的讀者分享感受，則更復何求？

　　往昔讀詩，讚賞許多古詩意境高雅俊逸而文字千錘百鍊之餘，也不免覺得古時的詩人，尤其是較後期的詩人，往往太把寫詩當回大事。字字推敲，翻韻書，排平仄，未免太辛苦些，有失「情動於中而形於言」之意。筆者既然坦承不是詩人，一切規矩，也就馬馬虎虎了，得請方家包涵包涵。

　　這一卷定名《流年流水橋自橫》，取自「金門橋二首」裏的一句。筆者和金門橋同年，每訪長橋，總不免有些感嘆。以這一句爲卷名，大概也是因爲筆者和此橋有些緣分罷。有好幾首詩裏面原來有朋友們的名字，定稿時決定隱去。只是「見一爪而知獅」（tanquam ex ungue leonem），名氣太大的朋友們，就只好抱歉了。

卓　人

2013 年 6 月於美西華盛頓湖東 Bellevue 城

# 流年流水橋自橫

## 目　　次

# 偶　　筆

## （十九首）

# 雪　山

群丘添新綠，
君猶惜舊襦。
頂破烏雲幔，
身展玉珊瑚。
滄海浪已遠，
嶙峋骨未枯。
何日逢知己，
相對兩不孤。

1999 年夏於 Canada 西部

# 秋夜憶童年

蟋蟀曷入室，
瞿瞿鳴一隅。
流年隨心潮，
倒迴五十餘。

1999 年 9 月

# 網　路

關山重洋再無阻，
電纜微波激光纖。
十指連心鍵盤上，
雙眼穿山銀幕前。
網路易行仟萬點，
靈犀難得一線牽。
古往今來多少事，
儘在虛無縹緲間（註）。

　　　　註：虛無縹緲間，cyberspace。

2006 年 1 月

# 閑

又是下霜季節，
秋林紅潮早歇，雲低離雁不見。
外婆看外孫去也，
酒濃杯深酌淺，屋靜書亂人倦。

1997 年 10 月於 Lexington, Massachusetts

# 讀天南地北詩

　　有昔年同事，九十高齡時念及少時佳友一別數十載，頗思一見。伊人由女陪同，千里赴會。兩老歡敘數日，賦詩七首，相約百齡再聚。噫！余讀其詩，而前輩忽已隔世，風範再難見矣！百歲之約，徒留佳話。感傷之餘，撫杯而吟：

　　　　月露東山已近曉，六十歲月如烟消。
　　　　塵世猶勝九天上，不賴烏鵲續藍橋。

2002 年

# 窗　南

窗南遠山高接天，
雲來雲去變萬千。
山間積得幾多雪，
人世已是一萬年。

2005 年秋

# 秋　霧

溟濛繚繞山半隱，
輕紗薄縵漫寒林。
登高應知弗逗留，
淒迷一片最傷情。

2005 年 11 月

溟濛繚繞山半隱
輕紗薄縵漫寒林

# 巨木夜傾

狂飆吹滅萬家燈，
雨急夢短長夜冷。
可憐後山百年樹，
再難展枝效龍騰。

2006 年 12 月

# 虹

清風送山雨，
殘珠凝彩虹。
且趁夕陽好，
躡虹越長空。

2007 年 7 月

# 大相撲
## （東京機場偶筆）

君子不重則不威，
八步圈內爭榮輝。
奮起雙臂千鈞力，
一年辛勞看此回。

2006 年 2 月

# 憐　櫻

殘葉早謝春無影，
紅艷初露霜雪侵。
世間冷暖尋常事，
衰翁何必傷閑情。

2008 年 5 月

# 櫻

元宵驚蟄細雨中，　　曉寒深沉浸華容。
赧顏往年也曾見，　　花信明歲期相逢。
枝頭孤芳流年夢，　　萼底珠淚暮天虹。
丹葉漸多日漸長，　　片片落英舞春風。

2007 年 3 月

赧顏往年也曾見
花信明歲期相逢

# 丙戌暮春出遊，遵友囑記詩存念

山上春來遲，高木徒怨風。
花散雜草間，人在細雨中。
舊友白首聚，新交萍水逢。
既有同遊緣，何愁各西東？

2006 年 5 月

花散雜草間
人在細雨中

# 雨　後

山雨去也速，簷霤猶汨汨。
雲開湧冷月，霧起漫低谷。
明珠葉下懸，薄霜草上覆。
臨窗七旬翁，心閒萬事足。

2006 年 11 月

# 學　　詩

友朋笑我癡，七十猶學詩。
無意名山事，不求紅塵資。
孤月弄影夜，秋山帶霧時。
偶得三兩行，雖老未為遲。

2006 年 11 月

# Skagit Valley 鬱金香

黛山蒼松暗雲天，
一畝春色半畝田。
難得輕風解花意，
搖紅曳紫教君憐。

2007 年 4 月

# 窗

從這小小的窗口，
看那變幻的蒼穹。
即便是陰雨溟濛，
也應知道，
低雲上晴空無窮。

2008 年 11 月

# 雨

清曉寒霧起，
四顧無春跡。
忽見池水上，
滴滴泛漣漪。

2011 年 4 月

# 彩虹橋

細雨未消落照紅，
長橋陡起蒼穹東。
人世陰晴本無常，
更況皓首一衰翁。

2013 年 4 月

# 友　朋

## （七首）

# 年初大雪懷加南老友

猶憶去冬在君家，
輕搖櫻枝一地花。
波城孟春寒意重，（註）
新雪壓斷老枝枒。

　　　　註：波城，Boston。

2001 年 2 月

# 讀遠友 "秋山又幾重" 有感

屢年難一見，
覆卷感倍深。
雲山縱萬里，
此地有故人。

2000 年 10 月

雲山縱萬里
此地有故人

# 遠　友

窗南不見山，
山自在雲間。
雲山萬里外，
故人猶清健？

2006 年秋

# 中學畢業 48 年後重聚於新英倫

天涯海角聚也難，
且喜今朝共笑談。
莫忘少時荒唐事，
放蕩童心大自然。

2003 年夏

# 兩老友

少時同窗白首聚，
欲話當年無頭緒。
君猶汲汲天國事，
我已心寄雲深處。
世事飄渺蒼穹遠，
醉淺那堪論來去？
明朝縱無山千重，
今夜話題難再續。

2003 年夏

# 作客老友別居

築廬山間林深處，
長窗勾出靖節詩。
白霧悠悠沉低谷，
綠衣（註）斑斑上高枝。
燈下華髮話舊事，
杯中佳釀邀暇思。
忽忽又是歸去日，
鐵門勿忘曾相識。

　　　　註：衣，地衣。

2005 年於加州 Sonoma

# 答老友邀遊函

怕你們挂心，
趕快提起筆來寫信。
少時的豪情，
幾十年來多已消盡；
失去的孩意，
如今又那兒去尋？
只是還朦朦地記得，
露營碧潭時的水涼，
遠足烏來時的風清。
那經年碌碌的老懷，
又何不去輕他一輕？

1985 年 1 月

# 戲　筆

（十一首）

# 焚臂記

　　有老友者，談吐行動，徐而不疾。一日天寒而暖氣爐內火種熄滅，乃奮然出臂點之。轟然一聲，縮手不及，遂烹右臂。思之有日，頓悟若先轉低室溫調控器，則可先點火種而後引發燃爐也。適妻歸，但覺寒意侵骨。視室溫調控器，則定溫甚低。嘆良人何節儉如此！乃轉高之。而良人不察，猶自引臂入爐，遂烹左臂。噫！余老友不少，老友糊塗事尤多，然先後焚二臂者，未之聞也。是不可不記也。因歌曰：

> 本是蓬萊糊塗仙，
> 銀漢迷途下凡間。
> 平生不識烟火事，
> 偏效文君弄鐵鉗。
> 首度當爐右手烹，
> 再作馮婦左臂煎。
> 龍宮蝦將雙螯舉，
> 惜無方家留丹鉛！

1985 年春

# 慶老友結褵 26 年以往事戲之

俩小就有猜！
一個墙裡待，
一個墙外抓蟋蟀，
只有大人面前裝獸。

日月真難耐！
一個國內挨，
一個國外叫快來，
就怕月老背後撤賴！

1987 年 8 月

# 加南地震後寄地震專家老友

窮算猛測三十年，
而今地震到門前！
一車儀器有何用？
明朝廟裡抽個籤！

1991 年夏

# 與老友同客旅舍，得識文壇呼聲

夢裡醉臥一扁舟，
隔岸獅虎吼不休。
夢舟無纜焉能解？
姑待明朝放下游！

1993 年夏

# 記老友紐西蘭邦基跳（註）

### 一、

老友不識花甲年，
凌虛御風學神仙。
志高不勒懸崖馬，
生死尼龍一線牽。

### 二、

愚勇勝昔，骨老彌堅。
邦基一躍學神仙。
一番驚險，幾塊洋錢。
幸得兩頭長繩牽。

　　　　註：邦基跳，bungee jump。

1993 年冬

# 元龍耄矣！

誰說元龍老了？
我豈是不敢，
仰天長嘯？
怕是怕驚走了，
懷中天使的微笑。

姑且踱個方步，
唱個小調。
便是天塌了，
也自有女媧照料！

1995 年夏抱孫

# 欠　詩

老友討欠詩，
哀智海默時？（註一）
應思不來心，（註二）
微波爐裡尋！

註一：哀智海默，Alzheimer。詩既有積欠，則哀智
　　　海默之像已現乎！

註二：應思不來心，inspiration。應思而不來心，是
　　　無 inspiration 也。積雪滿院，年關復近，微
　　　波爐裡，美食正多，但恐非覓 inspiration 之
　　　處也。老友討欠詩，恐怕年關前還不了債了。

1997 年 1 月

# 髮

（閱廣告知植一髮美金伍圓，植髮執法，皆不易也。）

　　三仟煩惱絲，
　　一萬伍仟金。
　　勸君多珍惜，
　　怒時莫拔盡。

　　　　　　　1997年舊金山歸波城機上

# 今之不放翁偏效古之放翁

死去元知萬事空，
但恨股票隨清風。
那年奈指（註）創新標，
家祭毋忘告乃翁。

　　　註：奈指，NASDAQ index。

2001 年冬

# 答老友認字書

龜（gui）玉龜（jun）裂龜（qiu）茲溪，
單（chan）于單（dan）戰單（shan）城西。
與其一字三呻吟，
何不掩卷伴老妻？

2005 年 2 月

46　流年流水橋自橫

# 感　　時

（六首）

# Lexington 家前院

連日冷雨催歲急，　　今夜秋虫盡寂寂。
風搖殘枝葉縠觫，　　雲掩淡月星明滅。

少有壯志遊四海，　　老無私心留鴻跡。
海外換季也易過，　　不勞歸雁傳消息。

1993 年秋

雲掩淡月星明滅

# 中夜有感 (註)

一覺鵬飛八千里，
半醒身在是非中。
豈無慧劍斷塵事？
難忘舊月照漢宮！
芸芸眾生交征利，
區區孤萍自隨風。
燭殘光微心猶在，
不把蠟淚對寒空。

註：1993 年冬飛抵台北南港，因時差不眠。

# 問　月

幼時常問故園月，
我家圓時誰家缺？
月圓月缺數十冬，
衰翁獨掃門前雪。

1995 年冬於 Lexington

# 紐約城九月十一日

煙濃焰紅人影亂，
百層高樓儘成灰。
淚眼望穿飛塵處，
三仟無辜再不歸！

2001 年

# 觀以阿爭執，印巴逞兵有感

紅塵鬧市血肉飛，
殘垣廢墟野鼠肥。
豈有神祇好殺戮，
偏無墨翟息是非。
高山冷月照鬥士，
長夜寒露濕砲衣。
有朝導彈沖天起，
國土何重民何微！

2002 年 6 月

# 戰　　塵

阿境（註）硝烟猶未滅，
伊國（註）戰塵又飛揚。
殺伐豈是長久計，
祈神莫若互容強！

　　註：阿境，Afghanistan；伊國，Iraq。

2003 年

# 惜　　年

## （七首）

# 飛　蚊 (註)

飛蚊飄然來，
徘徊在眼前。
手揮揮不去，
眨眼又復現。

昔讀髮蒼蒼，
今知視蚊蚊。
歲月猶朝露，
去來本無方。

註：飛蚊，eye floaters。

1996 年 9 月

# 秋天的蟋蟀

孤蛩夜深猶操琴，
知音漸少冬漸近。
明歲衰草泛綠時，
一代新秀續舊音。

2000 年秋

# 答老友 "歸去" 詩

回首來路迷濛中。
展眼山谷斜照，老樹蒼松。
難得攀上無憂嶺，
此去再無山重重！

自度玉壺冰心，一片晴空。
天涯芳草，
行也又何必匆匆？

2005 年 9 月 26 日於機上

# 清水溪

清水溪，緩莫急，流離源頭無歸期。
朝見露凝芳草上，暮睹霧起白鷺居。
自古聚散難停息，穿湖入海何處依？

清水溪，緩莫急。光陰難留何汲汲？
晨披朝陽金縷衣，夜覆柔月珍珠裯。
日月交替流漸遠，難隨烏雲歸故里。

1997 年夏與高中同班諸友小聚西雅圖，寫於歸途機上。

# 金門橋（二首）

### 一、

長橋初建我初生，長橋廿五我新婚。
橋上浮雲橋下水，弗笑橋畔白髮人。

### 二、

也曾輕車過金門，也曾緩步伴伊人。
剎那多少快意事，流年流水橋自橫。

2006 年 2 月

# 澤　畔

一天湛藍襯碧水，蒹葭弄影邀卿憐。
勸君遠來多逗留，水中幻影夢裏煙。

2011 年 8 月於 Croatia Plitvice Lakes 國家公園

# 念

（六首）

# 悼老友

華燈猶盛君先行，
金尊未空醉未盡。
嗚咽難成陽關調，
耳邊盡是童時音。

1991 年 7 月

# 清晨的憂思

霧退，
雲醉，
寒露猶戀清翠。
凝聚消散何須催？
多情總被無情累！
秋風豈有意？
搖落一樹淚。

1991 年秋

# 念　友

君子之交山澗水，偶得斂影添清輝。
蒼松不識道山路，猶自佇望故人來。

1994 年 8 月

# 忘年酒友

撫杯每憶李伯母，
九十高齡猶滔滔。
歡聲無時背佳客，
鶴髮有緣伴慈姥。
當爐常有菜十道，
臨案偶得紙一刀。
忘年酒友三十載，
未聞一語損他曹。

1999 年 9 月 9 日

# 隨妻奔伊妹喪，雪阻芝城而返

欲飛加南送妹行，
朔風寒雪偏無情。
也曾東迴探姐否？
雪滿庭院無蹤影。

　　　　註：芝城，Chicago。

2000 年初

# 懷　友

君去已經年，
君名繞日行（註）。
猶憶君昔日，
笑談論古今。
君病再不語！
雙瞳深仟尋。
道別君知否？
懷友我獨吟。
感時憂國時，
何處覓君音？

註：一小行星以友名。

2005 年 11 月

# 旅　　途

## （十九首）

# 倩女（希臘途中）

## 一、

愛琴海上羅茲島，
綠水白沙碧藍天。
柳腰倩女迎面來，
艷陽遮胸髮遮肩。

## 二、

倩女臨古井，
淺笑伴浮雲。
那堪泛微波，
弄皺伊人影？

1989 年 8 月

# 落磯山東行道上

雲低山高不見峰，
單車孤客伴寒空。
路遙也知終站近，
一天彩霞在鏡中。

1990 年 3 月

# 自台返美機上

千里瞬息，夢迴途次，半醒偏憶去國時。

往事如此，痴心自知。
那堪人道，晉人休提秦漢事！

1994 年 7 月

# Whistler 至 Vancouver 道上

群山難捨往歲雪，
千樹齊披嫁衣裳。
迴路忽忽數十里，
遙見春落新枝上。

1999 年 3 月

# 遊秦始皇陵

五十功名萬年夢，
沃野十室九室空。
六軍地下猶佇立，
霸王已燒阿房宮。

1999 年

# 遊桂林

青山自來無所求，
塔起塔倒幾多秋。
百代過客沿階上，
悠悠漓江默默流。

2001 年

# Albuquerque 至 Santa Fe 道上

濃雲接地日照紅，
黃沙蓬草隨勁風。
學海浮沉明朝事，
今夜伴月遊太空。

2002 年元宵

# 松茂道上沿岷江而下

源自雪山頭，
涓滴漸成流。
青天映碧水，
白濤過石洲。
空谷無羌笛，
青稞伴牦牛。
奔波何所為？
大江在下游。

2003 年 10 月

# 雲南大理崇聖寺石塔

塔起一千二百年，
月常顧影水常憐。
空有佛骨渡眾生，
難得緣人到門前！

2004 年夏

# 遊雲南長江第一灣，雪峰難見爲憾

金沙江水到此迴，
黯然東去再不歸。
遊子也如此江水，
難待玉龍展清輝。

2004 年夏

金沙江水到此迴
黯然東去再不歸

# 遊挪威 Fjord 二首

## 一、

五更倚欄薄霧中，時光倒流追清風。
宇宙洪荒星萬點，冰斧神工山千重。
水依峰轉浪碎月，波從船起鳥驚空。
今生有幸遊此境，不羨太原武陵翁。

## 二、 *

月落星猶在，
無風雲自裁。
老來遊四海，
不知身已衰。

# Cruising in the Norwegian fjords

The moon has set
The stars are shining still
Windless,
The clouds their own shapes fill
In the seven seas the wanderers sail
Unaware of, that their bodies are now frail

2004 年 8 月

波從船起鳥驚空

老來遊四海
不知身已衰

# 雁蕩山間（註）

雨迷雁蕩小龍湫，
南望重山疊舊愁。
回思兒時淪落處，
鰲江依然向東流。

2006 年春

南望重山疊舊愁

註：中日戰末曾與祖父，姑，姐及表兄姐流落浙南順溪鎮。流
　　年如水，余姐見背亦已六十年矣！兒時落難處，恐惟鰲江
　　東流依然。

# 莫翁苑 <sub>（註）</sub>

小橋畫裏常相見，
橋邊綠意橋下蓮。
若問舊日畫畫人，
垂柳已俟八十年。

註：莫翁苑，Claude Monet 在 Giverny 的花園。

2007 年 6 月

# 龐貝古城

地搖山崩一瞬間，
殘垣廢墟兩千年。
萬千生靈一朝去，
天藍雲白草芊芊。

2008 年 11 月

地搖山崩一瞬間
殘垣廢墟兩千年
萬千生靈一朝去
天藍雲白草芊芊

# 魔湖<sub>（註一）</sub>

山溪攜來冰川塵，（註二）
清風淡掃翠玉皴。
青山碧水勤留客，
難煞湖畔過路人。

　　註一：魔湖，Diablo Lake.位於西雅圖東北百二十
　　　　　里；Diablo，西班牙文 devil 之意。
　　註二：冰川塵，glacial flour。

2010 年 8 月

# 初登黃山

名山猶美女，
不耐露華容。
雲幔雨簾外，
惟見迎客松。

2003 年 10 月

# 北京九月

客舍獨對窗外柳，
千絲萬緒舞不休。
飛絮本是早春事，
秋風何必挑閒愁。

2005 年秋

# 子 衿

## （八首）

# 黃黃其牛 (四首)

### 驚艷

黃黃其牛，秀髮如流。
不如開溜，與子偕遊。

### 好逑

黃黃其牛，秋波含羞。
茜潮紅霞，君子好逑。

### 思意

黃黃其牛，我心悠悠。
一日不見，如隔三秋。

### 卅年後

黃黃其牛，欲語還休。
意猶如昨，夫復何求？

1988 年冬

# 念

忙時忽上心頭，閑時徘徊不走。
清音笑語縱難求，且也得倩影逗留。
千枝萬葉齊報秋，
一葉獨對，思意難休。
又何須關關雎鳩，挑起那，許多愁？

逸　年

# 湖

卿若一湖水，我猶天外石。
石落湖心中，漣漪慶相知。
秋寒月明夜，春暖雁歸時。
默默千仞水，十年猶一日。

1971 年冬

# 小　聚

關山徒增一日思，
爐火霞頰鍍胭脂。
艷陽笑問門前雪，
伊人今朝出何遲？

逸年

# 擬一首最古老的詩

我，
卿。
星星，
妳的眼睛；
海，
我的情。

## Imagining a most ancient poem

Me，
Thee.
Stars，
Thy eyes.
Sea，
My feeling for thee.

2005 年冬